от автора.
Спасибо!

Сны космонавта Н.

Александр Навернюк

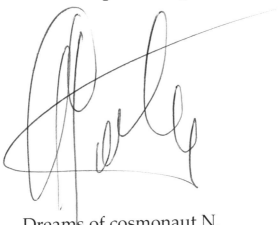

Dreams of cosmonaut N.

By Alexandre Naverniouk

2018

Acknowledgments
The wonderful cover image of Vancouver is from the public
domain collection. The author is Patricia Keith
https://www.publicdomainpictures.net/en/browse-
author.php?a=136310
The Astronaut Ingravity image is from the Free Icon website
https://www.flaticon.com/free-icon/astronaut-ingravity_80643

Игорю, Жéне и Маше.

СОДЕРЖАНИЕ

ВМЕСТО ПРЕДИСЛОВИЯ

1

Слова в то время имели значение.

“Что ты сказал?”

“Как ты мог такое сказать!”

“Даешь слово?”

“За слова ответишь!”

За неосторожное слово уже давно не ссылали в ГУЛАГ, хотя жизнь испортить могли. Страх из людских сердец потихоньку уходил, но настороженное внимание к словам еще оставалось.

Благословенное время для писателей, поэтов, бардов.

“Они это напечатали?”

“Ты должен это прочитать!”

“Ты должен это послушать!”

И вот это, самое дорогое:

“Перепиши слова.”

2

Я живо помню это всепоглощающее внимание к тексту.

Крым, пионерский лагерь Прибрежный. Сколько мне тогда? 10? 11? По лагерю развешены громкоговорители. Весь день крутят музыку. По большей части это пионерские песни, детский хор радио и телевидения. Что еще? Робертино Лоретти. Бесконечная "Джама-а-а-ай-ка!" Бременские музыканты. Помню, очень всем нравилось это "Е! Е-е! Е-е!".

Иногда радиомеханик ставил Высоцкого. Кажется, тогда уже вышла его первая официальная пластинка, а значит, вроде как, разрешено.

Так вот, была одна песня, от которой со мной каждый раз случался ступор. Как только раздавались первые слова, я весь превращался в слух.

Почему все не так? Вроде все как всегда:
То же небо - опять голубое,
Тот же лес, тот же воздух и та же вода,
Только он не вернулся из боя.

Мне теперь не понять, кто же прав был из нас
В наших спорах без сна и покоя.
Мне не стало хватать его только сейчас,
Когда он не вернулся из боя.

Что со мной происходило? Не знаю. Я отходил от друзей в сторонку и стоял недвижим до самого конца песни, до самого последнего слова.

. . .

Наши мертвые нас не оставят в беде,
Наши павшие - как часовые.
Отражается небо в лесу, как в воде,
И деревья стоят голубые.

Нам и места в землянке хватало вполне,
Нам и время текло для обоих.
Все теперь одному. Только кажется мне,
Это я не вернулся из боя.

3

— А ты знаешь, что Есенин и Цветаева были запрещены? – сказала мне как-то одноклассница на переменке.

Эта информация произвела на меня сильный эффект. Мы только начали изучать Есенина на уроках литературы. Я почти ничего не читал "по программе", литература была не моим предметом, но почему-то Есенина я читал и много стихов знал наизусть. Когда и почему это началось, не помню, просто попалась в руки книжка его стихов и сразу стала своей.

И не нужно мне лучшей удачи,
Лишь забыться и слушать пургу,
Оттого, что без этих чудачеств
Я прожить на земле не могу.

Я читал это стихотворение сам себе вслух протяжно, продлевая это у-у:

.. слу-у-ушать пургу-у-у...

Мне казалось, я слышал эту воющую за окном пургу, и сердце мое наполнялось каким-то важным чувством понимания и сопереживания.

Новость о том, что Есенин был запрещенным поэтом не укладывалась в моей детской голове. Почему? За что? Я знал одно стихотворение, в котором было неприличное слово. Может из-за него? А вот интересно, думал я, если бы Есенин не написал это одно стихотворение, его бы все равно запрещали?

Помню, однажды на уроке наша учительница по литературе Лора Николаевна Давыдова читала вслух стихотворение "Возвращение на Родину"

Я посетил родимые места,
Ту сельщину,
Где жил мальчишкой,
Где каланчой с березовою вышкой
Взметнулась колокольня без креста.

Я знал это стихотворение наизусть и, сидя на последней парте, повторял его вместе с ней, шевеля губами. Она это заметила и, не прерывая чтение, улыбнулась мне понимающе. Помню, мне это было очень приятно.

4

Есенинские строчки часто, без всякого смысла крутились в моей голове. Мне нравилось вдруг, ни с того ни с сего, произнести их вслух, как бы насладиться строфой по полной программе.

Однажды эта привычка привела к забавному случаю.

Я стоял возле школьного спортзала, и мне казалось, что рядом никого нет. Я открыл рот и громко нараспев затянул строку есенинской песни.

Тут из спортзала выскочила разъяренная учительница физкультуры.

– Ах, вот ты чего! Ну, сейчас ты у меня получишь!

Она вцепилась в мою руку и потащила в кабинет директора.

Надо сказать, что физкультурница эта была женщиной очень немолодой, располневшей и, главное, очень необразованной. Как она попала в школу, не знаю. Она явно никакого отношения ни к спорту, ни к образованию не имела. Ученики её не любили, да и учителя тоже особо не жаловали.

Она втолкнула меня в директорский кабинет.

– Вот! Полюбуйтесь! Навернюк про меня стих написал!

Директриса тяжело вздохнула.

– Ну, что там ещё?

– Написал, написал! – не унималась физкультурница, - И еще орал его на всю школу!

Директриса вопросительно посмотрела на меня. Она была в темных очках. Ходили слухи, что ее бьет муж, и чтобы скрыть синяки под глазами, она надевает темные очки.

– Ничего я не писал…

– Писал, писал! И орал еще!

– Ладно, – серьезно произнесла директриса, – говори, что ты там написал, или завтра будем разговаривать с твоими родителями.

Я, глядя в пол, негромко произнес:

– "Ты жива еще моя старушка? Жив и я, привет тебе, привет!"

– Вот! Я же говорила! – торжествовала физкультурница.

Директриса опустила очки. Под ее левым глазом был отчетливо виден свежий фингал. Она посмотрела на меня, вздохнула и тихо сказала:

– Ты иди, Саша.

5

Однажды, на окне директорского кабинета кто-то написал известное слово из трех букв. Переполох был большой. Учителя пытались дознаться, кто это сделал. Мы с ребятами по этому поводу веселились, как могли.

– Кто написал это на окне директора? – спрашивали нас.

– Ой, не знаем. – отвечали мы, – А что за слово-то там? Вы нам скажите, чего там написано-то?

Нам, естественно, никто ответить не мог. Очень было весело.

В конце концов, директриса позвала на помощь военрука. Военрук был служивый мужчина в летах, спокойный и добродушный. Он подошел к нам и четко, по-военному скомандовал:

– Ты, ты и ты! Идёте сейчас со мной отмывать окно в кабинете директора!

Мы послушно поплелись за ним по коридору.

– А чего оттирать-то? Что там написано-то? – попытались мы продолжить веселье.

На это военрук, не оборачиваясь на нас, как бы сам себе, произнес:

– Это же надо написать на окне директора слово х**!

Сказал он это с искренней досадой и даже с какой-то печалью. Вроде как непорядок это, и быть такого не должно.

Помню, что всем нам сразу стало стыдно за наши шуточки и даже за того неизвестного, кто, собственно, и написал это злополучное слово.

Оттирали окно долго и молча.

6

Первые стихи начали писаться как-то сами по себе. Помню, как это было просто. Получалось не хуже чем у Есенина, как мне тогда казалось. Для пущего эффекта тексты обильно насыщались нецензурной лексикой.

Надо сказать, что дело происходило в Чертаново, куда нас выселили с Садового Кольца. Жители снесенных окрестных деревень были расселены в Чертановских новостройках. Языковая среда, нас окружавшая, была соответствующая, что называется "мат- перемат". Не скажу, что центр Москвы был в этом смысле безгрешен, но разница была разительная.

Мои нецензурные вирши стали довольно популярны в школе, их переписывали на небольших кусочках бумаги и давали "своим" почитать. Такой самиздат школьного масштаба.

Понятно, что творчество мое попало в руки администрации, и авторство быстро открылось.

Дальше всё как положено: вызов родителей и долгое "прорабатывание" в кабинете директора. Точно помню, что было это не один раз, значит, несмотря на воспитательные беседы, я не унимался.

Когда мы начали изучать на уроках Маяковского, я легко перенял его энергичную манеру и запись лесенкой. Писать как Маяковский было еще проще, чем как Есенин. Проще и веселее.

Однажды, Лора Николаевна на уроке рассказывала о русских поэтах и о том, какое это непростое ремесло. Кто-то из моих товарищей, кажется Саня Горшков, сказал:

– Ничего трудного! Вон у нас Навернюк стихи пишет.

Лора опустила глаза в пол и тихо произнесла:

– Да, я знаю какие он стихи пишет.

– Да нет, у него и хорошие есть. – ответил Саня.

Вот это "у него и хорошие есть" мне запомнилось на всю жизнь. Вот ведь, про меня говорят, что я пишу хорошие стихи.

Нецензурщина из моих стишков быстро ушла, а за одно и вообще из моей речи.

7

Помню свою первую песню. Писал долго, целый вечер, до поздней ночи. Потом долго не мог уснуть, все крутился в голове этот, только что мной написанный, незатейливый вальсок.

С утра я схватил гитару и отправился к той, для кого, собственно, и писалась песня, к моей подружке, однокласснице по имени Ира.

Без лишних разговоров, прямо с порога, я объявил:

– Я песню написал, ты должна послушать.

Девочка Ира, спросони, в мягком простеньком халате, не очень понимая, что происходит, провела меня к себе в комнату. Мы сели на кровать и я запел:

Ну как тебе об этом рассказать?
Ну как смотреть в глаза твои большие?
Уж листья под ногами золотые
О лете песнь последнюю шуршат.

Ну как сказать, что я тебя люблю?
Не модно это как-то, что же делать?
Но и меня любовь пришла проведать,
Я все хочу сказать и говорю.

Я не боюсь возвышенных речей,
Пусть говориться всё, что говориться.
Тот не добьется счастья кто боится
Сказать всю правду о любви своей.

Про то, что век двадцатый, позабудь.
Чего боюсь, боюсь что не поверишь.
В глаза ты рассмеяться не посмеешь,
Но после улыбнешься как-нибудь.

Пришла пора решать, как дальше жить.
Я должен был сказать, и я решился.
А желтый лист нам под ноги ложился,
И сотни продолжали вальс кружить.

На самом деле мне не хватило духу спеть строчку "Ну, как сказать, что я тебя люблю?" Ну не смог произнести эти слова. Вместо этого я, сам того не ожидая, повторил первую строчку "Ну, как тебе об этом рассказать?" Из-за этого весь куплет потерял и рифму и смысл. Ира слушала с легким недоумением, но, как мне тогда показалось, все правильно поняла.

Я допел до конца, поднялся и без разговоров ушел.

Потом я еще много раз пел ей эту песенку. Да и сейчас еще иногда пою.

8

Однажды, в нашей школе появилась одна молодая учительница. Как ее звали, я уже не помню.

Она завела обычай устраивать посиделки для старшеклассников у себя дома. Чаек, душевные разговоры, танцы под пластинки.

К ней стал похаживать мой друг Коля. Судя по его рассказам, чайком там дело не ограничивалось, и все эти вечеринки имели очень недетские продолжения для особого приближенного круга учеников. Разумеется, Колька то ли входил в этот круг приближенных, то ли он один этот круг и составлял.

Рассказывал мне Колька обо всем подробно и звучал довольно убедительно, похоже, так оно все и было, особенно учитывая, что долго она в нашей школе не задержалась.

Но я не об этом. Однажды, Колька отловил меня на перемене и сказал, что он вчера опять был у нее и пел ей мои песни, и что ей очень понравилось. Так понравилось, что прямо "ну ты понимаешь!". Он посмотрел на меня с видом бывалого ловеласа. А потом сказал:

— Только ты знаешь, я это..., сказал, что это я сам написал. Ну... что это мои песни. Ничего?

Я точно помню, что меня это совершенно не задело.

– Без проблем. – ответил я.

Надо сказать, что у меня были потом еще случаи, когда мои друзья выдавали мои песни за свои. Они всегда мне в этом честно признавались, и никакого влияния на нашу дружбу это не оказывало.

Но Кольке моему, видимо, самому стало стыдно за свой поступок.

Короче говоря, на следующий день эта учительница подошла ко мне на перемене и сказала:

– Саша, мне Коля сказал, что это были твои песни. Они мне очень нравятся. Может быть зайдешь сегодня вечером ко мне. Посидим, пообщаемся.

Она смотрела на меня так, как на меня никто до этого не смотрел.

– Не волнуйся, все будет очень хорошо. – продолжала она, положив мне теплую руку на плечо.

Я смотрел в ее глаза и мне было невыносимо стыдно за нее, за то, что мне о ней рассказывал Колька и за то, что она вот так, не скрываясь, зазывает меня к себе.

– Не приду. – сказал я, развернулся и убежал.

Недавно я узнал, что это называется испанский стыд, когда стыдно не за себя, а за другого. Очень тяжелое чувство. Тогда это было первый раз в моей жизни.

9

Как ко мне попали в руки стихи Бродского, я точно не помню. Помню, что первые его тексты я читал на бледных страницах перепечаток самиздата. Впечатление они произвели на меня ошеломительное.

Во-первых, они были какие-то другие, ни на что не похожие. Во-вторых, в них была какая-то непостижимая плотность смысла. Я помню, что перечитывал одно и то же стихотворение по многу раз подряд. Примерно так, как мы, бывало, слушали понравившуюся пластинку, по кругу многу раз подряд.

Сказать, что ты мертва?
Но ты жила лишь сутки.
Как много грусти в шутке
Творца! едва
могу произнести
"жила" — единство даты

рожденья и когда ты
в моей горсти
рассыпалась, меня
смущает вычесть
одно из двух количеств
в пределах дня.

Или это:

Приехать к морю в несезон,
помимо матерьяльных выгод,
имеет тот еще резон,
что это - временный, но выход
за скобки года, из ворот
тюрьмы. Посмеиваясь криво,
пусть Время взяток не берет -
Пространство, друг, сребролюбиво!
Орел двугривенника прав,
четыре времени поправ!

Даже сейчас, скопировав сюда эти фрагменты, не могу остановиться и перечитываю, перечитываю…

Каждая строка в стихах Бродского, казалось, наполнена смыслом. Иногда он был прост и ясен, иногда нет, но всегда чувствовалось, что он там есть.

Помню, у меня в голове долго крутились строчки:

Теперь покурим белых сигарет,
друзья мои, и пиджаки наденем,
и комнату на семь частей поделим,
и каждому достанется портрет.

Как это понять? Какие сигареты? Зачем? Почему на семь частей? Какой портрет? Но, при этом так очевидно ясно, что это что-то важное, точное и правдивое. Просто я, олух, не догоняю, в чем тут дело.

Мне тогда сразу стало очевидно, что я так писать не могу. Но дело было даже не в этом. Со стихами Бродского пришло переосмысление того, что такое поэзия вообще. Я вдруг посмотрел на стихи другими глазами и отчетливо понял, что я, как автор, не только не могу так, как Бродский, но не могу и как Маяковский, и как Есенин. Я вообще ничего не могу.

Это была очень важная для меня точка отсчета. И, кстати, начало настоящей любви к стихам русских поэтов.

10

Пришло время выпускных экзаменов. Устный экзамен по литературе проходил в актовом зале. На сцене сидела принимающая комиссия во главе с директрисой. Каждый из нас подходил к столу и вытягивал билет с вопросом. Мне достался вопрос по «Поднятой Целине». Книжку я не читал, да и кино толком не смотрел.

Помню, как я стоял перед комиссией и что-то мямлил, путая имена персонажей. Члены комиссии пытались, задавая мне наводящие вопросы, как-то совместными усилиями породить что-то похожее на ответ. Представительница ГОРОНО мрачно качала головой и делала пометки на листе бумаги.

Ответ по «Поднятой Целине» окончательно зашел в тупик, и директриса сказала:

– Ну, тут все понятно. Может быть у членов комиссии есть какие-то еще вопросы?

В этот момент Лора Николаевна, неожиданно, произнесла:

– Давайте, может быть, попросим его рассказать о чем-нибудь другом. Ну, не знаю... Что, например, ты можешь нам рассказать о творчестве Сергея Есенина?

Это был спасательный круг. Я вздохнул и начал:

– Сергей Есенин, русский поэт, родился в 1895 году в селе Константиново, Рязанской губернии.

На лицах комиссии появился живой интерес. Минут десять я рассказывал про Есенина, обильно цитируя из множества стихотворений.

Экзамен был сдан.

Спасибо, Лора Николаевна.

11

Городское пространство позднего совка было наполнено текстами.

Повсюду были установлены композиции из букв, вроде "Слава КПСС!" или "Дело Ленина бессмертно!". Весь город был исчеркан этим пропагандистским творчеством советской администрации.

Народ отвечал на это своим творчеством. Стены туалетов, раздевалок, переходов, любая укромная поверхность, годящаяся для письма, шла в дело.

Подавляющее большинство народных текстов являло собой банальную злую нецензурную брань. При невозможности, и главное, бесперспективности свободного высказывания, настенная ругань явно имела терапевтический характер, принося автору минутное облегчение.

Между агитпропом и этой народной писаниной чувствовалась глубокая экзистенциальная связь. Мне всегда претило как первое, так и второе.

Помню мой первый день занятий в МИФИ. Я долго стоял на площадке перед главным входом в толпе возбужденных новоиспеченных первокурсников, выслушивая бесконечные торжественные поздравления от руководства института и партийной номенклатуры района. Потом нам позволили войти внутрь. При входе надо было коснуться бутафорского паяльника и чего-то еще, уж не помню чего. Это были, вроде как, символы научных исследований или что-то в этом роде. Несмотря на явный натяг и формализм этой процедуры, все мы, первокурсники, были в восторге. Начиналась новая, волнительная часть нашей жизни – студенчество.

Наша первая лекция была в главной химической аудитории. Аудитория была устроена в виде амфитеатра: деревянные ряды поднимающиеся вверх от небольшой сцены.

Я, вместе с моими сокурсниками, вошел в аудиторию и сел на жесткую деревянную скамейку. Вся поверхность стола передо мной была исписана "народным творчеством", как в общественном туалете. Это очень меня расстроило.

12

Есть в русском языке какая-то магия, постоянное живое присутствие. Русский язык – это, как бы, еще один собеседник в любом разговоре. Он весело подкидывает новые смыслы к любой теме, уточняет формулировки, потешается над неточностями, а иногда и вообще уводит весь разговор в совершенно непредсказуемую сторону.

Я уверен, что ощущение самостоятельности, самоценности языка, не важно, осознанное или бессознательное, и есть сердцевина того, что можно назвать русскостью.

Может быть когда-нибудь какой-нибудь ученый филолог сможет проследить всю многострадальную судьбу России, как результат развития, изменения языка. А может уже и смог, да я, по серости своей, просто не в курсе.

Ну, если на счет страны я не уверен, то в моей личной жизни точно были моменты, когда язык брал управление в свои руки и одно слово,

сказанное или услышанное, определяло
развитие дальнейших событий.

Однажды меня познакомили с одной милой
девушкой. Девушка была действительно очень
хороша. Она училась, кажется, в МГИМО, была
очень начитана, открыта и доброжелательна. У
неё была совершенно восхитительная пластика
движений. Я тогда понял, что нельзя до конца
оценить внешность девушки по фотографии,
только движение проявляет истинную красоту. Я
живо помню, как у меня начинала кружиться
голова каждый раз, когда она раскрывала свою
сумочку, доставала маленькое зеркальце и
волшебными движениями начинала поправлять
свой макияж.

Так вот, девушку звали Анастасия. Я был в
восторге от этого имени. Помню, как крутилось
оно у меня в голове и не давало покоя: Настя,
Настенька, Анастасия. Был в этом имени какой-
то заманчивый, вкусный звук "ст", "сть".

Можно сказать, что я влюбился в имя, в слово.
Вот ведь чего только не бывает в жизни. А звали
бы ее, скажем, Таня или Оля, я вполне мог бы
влюбиться и в саму девушку.

В результате моих сердечно-фонетических
переживаний родилась "Песенка для Насти".

Сны космонавта Н.

Мне твое приснилось имя
И рассыпалось на части.
Будто солнышко смеется,
Отзывается вокруг.
Мостовые настилают
На соседнем перекрестке,
Я стою и улыбаюсь,
Удержаться не могу.

А на станции, на старой,
Поезд скорый задержался.
И на старте самолёты
В небо просятся скорей.
Настроение такое,
Сердцу хочется умчаться,
Снятся с якоря, настроив
Снасти новых кораблей.

Неудачи и несчастья
Нас с тобою не настигнут,
Ведь на самом деле с нами
Не случится ничего.

На стене иконастаса,
Наше ль будущее, Боже?
Наливай свое причастие
Гостю частому, и всем.

Пусть, на стайку птиц похожий,
Я над сводами летаю,
И, как свечка в храме таю,
Стаю, стало быть, совсем.

Неудачи и несчастья
Нас с тобою не настигнут,
Ведь на самом деле с нами
Не случится ничего.

Мне твое приснилось имя
И рассыпалось на части,
Ах, быть может сновиденье –
Наступающего тень.
Ночью темной, в час ненастья,
Без надежды на спасенье,
Я открою двери настеж,
И настанет новый день.

Вот такой у меня в жизни был "роман" с именем.

Надо сказать, что Настя эту песенку никогда не слышала. Я её писал все лето в деревне, а когда мы вернулись в Москву, друзья сказали, что Настя уехала за границу, кажется, куда-то в латинскую Америку.

13

Я помню, как слова начали терять смысл.

То, что казалось определённым, раз и навсегда, вдруг оказалось сомнительным, неточным, необязательным. Что-то поменялось в том, как говорят дикторы на радио и ведущие телепрограмм. Слова перестали быть важными, к ним стали относиться несерьезно, неуважительно.

Из мироощущения уходило единомыслие и однозначность. Помню, к нам в МИФИ приезжал какой-то политик демократического толка и высказывался непозволительно вольно о социализме, о партии и даже о, святая святых, Ленине.

Жизнь огромной страны менялось, действовать становилось интереснее, чем говорить. Энергия жизни уходила из слов и перемещалась в область принятия решений, в свободу выбора. Слова перестали играть роль связующего, цементирующего материала жизни.

Помню, как я остановился на улице у подумал, а что если в тех строчках Бродского нет никакого смысла? Что если это просто слова, пустые, ничего не значащие, подобранные просто так, для рифмы.

Теперь покурим белых сигарет,
друзья мои, и пиджаки наденем…
и комнату на семь частей поделим,
и каждому достанется портрет.

Эта мысль, сама эта возможность того, что слова ничего особенного не значат и никакого особенного значения в них нет, повергла меня в печаль. Мне казалось, что из мира уходит что-то важное, необходимое, и я не в силах это удержать.

Что значат слова, когда в жизни открылась возможность действовать, определять свою судьбу, выбирать чем заниматься и в какой стране жить. Интерес к поэзии уходил из жизни и, казалось, навсегда. Я спустился в метро. В подземном переходе гремело:

Белые розы!
Белые розы!
Беззащитны шипы…

СНЫ КОСМОНАВТА Н.

Мечта

Однажды, космонавт мечтал
О том, что он ребёнком стал.

Как он шагает по дорожке
В сандаликах на босу ножку,

В большом берете голубом,
В штанишках с лямками крестом,

В руке для бабочек сачок,
В кармане фантик и значок.

Чумазый, как мальчишки все.
Во всей ребёночьей красе.

Тут космонавт глаза закрыл,
Разулыбался и поплыл.

Он мог бы так мечтать до ночи,
Но космонавт был взрослый очень.

Не всем же быть детьми на свете.
Вздохнул он и пошёл к ракете.

Нам не долететь

Конечно, нам не долететь до цели,
Мы это знали. Все же полетели,
Упёршись лбом в овальное стекло.
Оглохшие от собственной отваги
И от натужной реактивной тяги,
Но больше от решенья самого.

За нами, улетавшими, вдогонку,
Пространство-время, сжатое в воронку,
Закручивалось в огненную плеть.
Былая жизнь под облаками скрылась,
И ясно было только, что свершилось
Заветное желание лететь.

Нам открывалось звездное убранство.
Адреналин свободного пространства
Пульсировал Стравинского в висках.
И череда миров плыла пред нами,
Рассвеченная яркими огнями,
И мы дышать учились в тех мирах.

Нам всё казалось правильным и должным,
И это ощущение, возможно,
Нам помогало не сходить с ума.
Пока вся суета и мешанина
На убыль шла, и новая рутина
Из наших комнат делала дома.

Сны космонавта Н.

В нас постепенно крепло ощущенье,
Что людям свойственно перемещенье
И легкость в отношении к судьбе.
Что наша жизнь от мест зависит слабо,
Скорей от осознания масштаба
Вселенной, применительно к себе.

Ну, а миры, сказать без комплиментов,
В них та же химия, из тех же элементов
И даже, извините за цинизм,
Их фауна, хоть выглядит пригоже,
Внутри нее, на самом деле, тот же
Вполне себе земной метаболизм.

А что до цели, то, как говорится,
Три поколения должны смениться.
Об этом знали мы и потому,
Мы прогорим до капли постепенно
И отойдем, как первые ступени,
Не предъявляя счета никому.

И так однажды, взяв за руку дочку,
Ей укажу на голубую точку,
Уже почти не видную в дали.
И вдруг захочется ей рассказать так много,
Но не смогу произнести ни слога,
И так внезапно защемит в груди,

Что не сумею справиться с словами,
Глаза мои наполнятся слезами.
И крепко стиснув детское плечо,
Я на вопрос дочурки милой – Daddy,
Are you OK? – Смогу сказать лишь, – Бэйби,
Беги, играй, я постою ещё.

Вид с высоты

В отсеке, скрывшись ото всех,
Я на экране скайпотрона
Ловлю сквозь шорохи помех
Сигнал родительского дома.

Там мама, вечная беда,
Как что включается не знает.
То камеру, то провода
Попеременно задевает.

"Что там, сынок, из новостей?
Мы тут отстали, очевидно.
Там с высоты тебе видней,
Так расскажи, чего там видно."

Какая, к чёрту, высота,
Здесь притяженья нет, и из-за
Такого, в общем, бардака,
Здесь нет ни верха и ни низа.

Смогу ли объяснить тебе,
Что мерить высоту полёта
Есть смысл лишь, когда к земле
Нас прижимает общим гнётом.

А здесь, кто низок, кто высок,
Необобщённые в систему,
Летим себе куда-то вбок,
Пока не стукнемся о стену.

Здесь отношения просты,
И, в общем, всем всего хватает.
Жаль только нету тех, кто знает,
Чего там видно с высоты.

Темень

Такая темень между звёзд,
Что сердце ёкает всерьёз.
И ладно, что черна, убога,
Так ведь её ещё так много.
Я знаю, знаю без подсказки
Все отговорки и отмазки.
Что симбиоз неумалим,
И свет без тьмы неразличим,
Что стоит заглянуть поглубже,
И нам должны открыться тут же
Загадки темной стороны.
И если увлечёмся мы
И доберёмся до ответа,
То там недалеко до света.
Я знаю, из неё, из тьмы
Родятся новые миры.
Они вот-вот должны прорваться,
Нам нужно только их дождаться.
Я знаю, знаю это, знаю.
Я всё прекрасно понимаю.
Всё это тоже правда, но
Честней сказать, что там темно.

Марсианка

Высокие копытца пирамидкой,
Неспешная походка. Журавлю
Подобна белоснежная накидка.
Четыре глаза. Всё, как я люблю.

Прелестное дитя природы здешней,
Нетронутая грубостью мирской.
Не водится таких на нашей грешной,
А здесь ещё встречаются порой.

Пройдя между столами, так по-дамски,
Вполоборота сядет у окна.
Я знаю пару слов по-марсиански.
– Позвольте, я здесь рядом? Вы одна?

Вы правы, я из дальнего сегмента.
Примерно там, немного поправей.
Уже давно. Да, пролетело лето,
Теперь дожди, и стало холодней.

Зелёный чай восточного настоя.
Почти улыбка на её губах.
А я бы мог порассказать такое,
Что ей не снилось в самых страшных снах.

Сны космонавта Н.

О тех мирах, где жизнь идет с надрывом,
Где вековое полотно времён
Не просто изувечено разрывом,
А в клочья порвано. И каждый обречён

Скитаться по развалинам былого,
Ища времён распавшуюся связь,
Не зная назначения иного,
Иной судьбы не видя и боясь.

В плену у безнадежных суеверий
Ни смысла, ни покоя не найдя,
Переживать падение империй,
Как отрицанье самого себя.

Казалось бы, пройдя через всё это,
Я должен ощущать себя мудрей,
Чем вся эта наивная планета,
И эти все, живущие на ней.

Но что-то не срабатывает, может
Кофейный свежемолотый дурман,
И на салфетке, как на мягком ложе,
Лежащий шоколадный круассан.

Предметы, звуки, запахи, всё вместе,
И эта фраза, как-бы невзначай,
– Я здесь люблю сидеть, на этом месте,
Смотреть на дождь и пить зелёный чай.

Александр Навернюк

От этой фразы, как от заклинанья,
Как будто бы спадает пелена,
И абсолютно ясное сознанье
Мне позволяет видеть что она,

Сидящая напротив с чашкой чая,
И просто говорящая со мной,
Сама, того ни чуть не замечая,
Контакт осуществляет внеземной.

Пришелица из времени иного,
Такого недоступного для нас.
Нет, нет, не из грядущего какого,
Из настоящего, которое сейчас.

Сплетённое из искорок отдельных,
В которое попасть не всем дано.
Средь множества других времён поддельных,
Оно лишь настоящее одно.

К чему моё надменное стремленье
Понять предназначение племён,
Соотнести людское поведенье
С чудачеством пророков всех времён?

Эксцессы в историческом процессе,
Угрюмое безумие толпы,
Роль личности в прогрессе и регрессе
И дуализм свободы и судьбы.

Сны космонавта Н.

Уменье всеми этими вещами
Жонглировать, по глупости своей,
Сродни уменью шевелить ушами,
Чтоб не сказать ещё того хужей.

А есть континуум другой природы,
Где время лишь поверхность бытия,
В ней, как на плёнке радужной разводы,
Дрожит действительность. Короче говоря,

Природа существует лишь мгновенье,
И, кажется, что я в него попал.
Похоже здесь, под ширмой заведенья
Кофейного, скрывается портал

Невидимый, и я в него вплываю,
Всей невесомой массою своей.
И новым зреньем глядя, замечаю,
Как много призраков среди людей.

Они проходят тихо, рядом с нами,
Держа в ладошке яркий амулет,
Но если с ними встретишься глазами,
То понимаешь, здесь, сейчас их нет.

Толпятся, заполняют панораму,
Но, кажется, что проведи рукой,
Она пройдет сквозь эту голограмму,
Не задевая плоти никакой.

А вещи, этот стол, его овальность,
Щербинка на краю, кружок пятна,
Настолько крепко вписаны в реальность,
Что невозможно насмотреться на

Простое их присутствие. И с ними
Сосуществует нежный локоток,
И от него, как плавный взлёт двух линий,
Изгиб руки, блестящий ноготок,

Покрашенный под цвет оправы,
И этот взгляд… – Не знаю отчего,
Мне кажется, я знаю вас, ах, право,
Лет сорок, или около того.

– Простите, сорок? Сорок, вы сказали?
Ах, это мило! Вы такой смешной.
Но мне пора. Мы славно поболтали.
Я рада, что вы были здесь со мной.

Она встаёт. Журавль, махнув крылами,
На плечи опускается. Потом,
Постукивая мерно каблуками,
Она уходит. Сразу же кругом

Всё возвращается, предметы, обстановка
В обыденность и на круги своя.
Портал закрылся. Нуль-транспортировка
Закончена. Я нахожу себя

В пустом кафе сидящим одиноко,
Как-будто бы, очнувшись ото сна,
Держу в руке давно остывший мокко,
И вижу вдруг, как за стеклом окна

Проглядывает призрачным фантомом
Сквозь улицу, умытую дождём,
Тот древний сад, откуда все мы родом,
В котором все мы до сих пор живём.

МОИ 50 ЦЕНТОВ

Быть стариком

Быть стариком совсем нетрудно,
Всего-то надо старым быть,
И в нескончаемые будни
По парку медленно ходить,

Ногами шаркая безбожно,
Не потому, что тяжело,
А просто потому, что можно,
Не наругается никто.

Смотреть, как белки под ногами
По черным прыгают корням
И непослушными руками
Крошить печенье голубям.

Быть невидимкой для прохожих,
Тебя не видящих в пути.
За исключением, быть может,
Детишек лет пяти-шести.

Им улыбаться некрасиво,
Сказать два слова иногда,
Пока они к их мамам милым
Не убегают навсегда.

И так стоять в пальтишке старом
И вспоминать, потупив взгляд,
О том, каким я был гусаром,
Когда мне было пятьдесят.

Я никому не говорил

Я никому не говорил,
Но в детстве я траву курил.

Тогда курили все кругом,
На общей кухне, в коридоре,
В гостях, за праздничным столом,
Курили в радости и в горе.

Повсюду дым стоял столбом,
И в этом мареве далеком
Я подрастал с сестрой вдвоем
В квартирке рядом с Самотёком.

Мой папа, взрослый человек,
На кухне стоя, утром рано,
Коробку с надписью "Казбек",
Бывало, вынет из кармана,

Поправит прядь густых волос,
Откроет крышку, под которой,
Обойма белых папирос.
Возьмет одну. С немым укором

Посмотрит, мол, смотри, сынок.
Потом потреплет за макушку.
Достанет спичек коробок,
Тряхнет его, как погремушку,

Не глядя на него почти,
Ударит спичкой в серу метко.
И, пряча огонек в горсти,
Закурит белым дымом едким.

Как завороженный смотрел
Я снизу вверх на это действо.
Я быть как папа мой хотел
Во всем, во всем, как все мы в детстве.

Ну, в общем, что тут говорить.
Однажды в дворике гуляя,
Решил я тоже покурить,
Чем это кончится, не зная.

Я из тетрадки оторвал
Бумаги в клеточку кусочек.
Вот где табак достать, не знал,
Травы ж кругом, ну, сколько хочешь.

Не знаю, что там за трава
Росла на Троицкой в то лето,
Осока или лебеда –
Все запихал я в сигарету.

За вывеской «Утильсырьё»,
В укромном месте у детсада
Зажег изделие своё.
Дым повалил такой, как надо.

Самодовольный идиот,
Я встал, как папа, улыбнулся,
Засунул самокрутку в рот
И полной грудью затянулся.

Я думал, я тогда умру.
С тех пор я не курю траву.

Гамлет

Все позади: отца видение,
Страданья, подлость, преступленье,
Вся мерзость замка Эльсинор,
И с королевой разговор
Про стыд, про сальную кровать,
Что с новым мужем делит мать,
Невыносимый, невозможный.
Театр, актеры и несложный
План мести, выдуманный смело,
Отрывок, сыгранный умело,
Гнев короля, переполох,
Убийца, пойманный врасплох,
Тщета раскаяний благих
И тайный заговор двоих,
Клинки, отравленные ядом,
И поединок с троном рядом.
Все позади, вся кутерьма,
И текст чужой, и жизнь сама…

Тут милый Гамлет мой встает,
Его убившему Лаэрту, спокойно руку подает,
И королеве, дышащей едва,
Он шепчет на ухо какие-то слова,
Ей, грешнице, подняться помогает,
И Клавдия, убийцу, обнимает
По-дружески за толстые бока.
И Клавдий из злодея в добряка
Вдруг превращается и смотрит умилённо.

А Гамлет за руку ведет непринуждённо
Офелию, которая мертва,
Но нет, жива Офелия, жива!
И так же любит Гамлета. Его
При всех целует в мокрое лицо.
А он, их вместе всех собравши,
Еще зовет друзей предавших,
И даже тень убитого отца
Кричит позвать из дальнего конца.
Всех любит, всех прощает он,
И всех выводит на поклон.

Александр Навернюк

Как любят женщины меня

Как любят женщины меня!
Безумно, нежно, не тая.

Не знаю, что нашли во мне,
Но влюблены буквально все.

Всех возрастов, любого роста.
Ну, не дают прохода просто.

Намедни милое дитя
Поймала в офисе меня,

Схватилась за мое плечо
И зашептала горячо.

Что, мол, благодарит удачу.
Что я в судьбе так много значу.

Сказала, любит и страдает,
И быть со мной одним мечтает.

И то и се, весь этот вздор.
Я знаю этот разговор.

Я ей сказал, что рассержусь
И что я ей в отцы гожусь,

Сны космонавта Н.

Что никогда не быть нам вместе.
У ней глаза на мокром месте,

Дыханье сбилось. Так у многих
бывает. Жалко их, убогих.

Я собираю их порой.
На праздник или выходной.

Приходят все без исключенья.
Шарады, конкурсы, веселье.

Болтаем долгими часами,
Жена, конечно, вместе с нами.

Затеют вечный спор о том,
Кто лучше всех со мной знаком.

Что ем, что пью, во что играю,
Когда встаю, чего читаю,

Какие родинки на теле,
Чего и как люблю в постели.

Такие версии дают!
Так веселят жену мою.

День пролетает, как во сне,
Я рад, что все пришли ко мне.

И только вечер настает,
Сажаю всех в свой самолет.

И мы летим над темной бездной
Куда-то в сторону созвездий.

Пилот заходит к нам в салон,
Красавец Джеймс, он всем знаком.

Шампанским угощает дам.
Он помнит всех по именам.

Не первый раз подобный рейс.
Я говорю: "Спасибо, Джеймс."

Он улыбается смущенный,
Без памяти в меня
    влюбленный.

Мои учителя

Я знаю трех учителей -
Они мои герои,
Нет в жизни для меня важней
Людей, чем эти трое.

Они, не пропуская дня,
За жизнь мою в ответе.
Все учат разуму меня,
Все учат жить на свете.

Что отдавать важней, чем брать,
А знать нужней, чем верить.
Что надо всех всегда прощать
И не считать потери.

Помогут разобраться в том,
Что важно, что не важно.
Зачем на свете Рождество
Вдруг осознать однажды.

Научат помогать другим,
Не как-бы, а на деле.
Да так, чтобы казалось им,
Что сами все сумели.

Они покоя не дают
И в этом их призвание.
Все задают и задают
Контрольные задания.

А я и рад. Учителя
Меня не забывают,
Переживают за меня
И папой называют.

Привидения

Не понимаю привидений.
Ну, умер ты – лежи балдей.
Так нет, блуждают словно тени,
Пугают взрослых и детей.

Ну, что за шалости, ей богу,
Стучаться в дверь и убегать,
Бродить босым всю ночь по дому,
Свистеть и свечки задувать.

Как только я освобожусь
Сюда я больше не вернусь.

Я улечу в такие дали,
Меня вы только и видали...

Так вкусно жить

Разглядывать копченого угря,
И размышлять о смысле бытия,
Рассказывать жене про страшный сон,
И покупать для дочери Айфон,
И ерунду нести напропалую,
И путать ударения в страстную,
Больным лежать, и двигаться едва,
На градуснике видя сорок два,
Медовый торт на блюдечке нести,
Учить детей считать до десяти,
Лететь всю ночь по пятому хайвэю,
Понять, что я стихи писать умею,
Заказывать домой на ужин суши,
И согреваться под горячим душем,
Стоять на океанском берегу,
Смотреть, как волны на меня бегут,
Как ветер свеж, как солнце горячо.
Так вкусно жить!
Так хочется еще.

ЖЕМЧУГ ОРИОНА
(Венок сонетов)

1

Морозный вечер. Снег. Дорога к храму.
Как сквозь стекло, подёрнутое льдом,
Я снова вижу пожилую даму,
К причастию идущую с трудом.

Угомонились страсти, отшумели
Все суеты ее прошедших лет,
А ныне все стремления и цели –
Узреть лампад несотворённый свет.

Уже вдали ей различимы лица
Святых отцов в мозаике цветной,
Освещена заветная светлица,
Уже недалеко, подать рукой.

Как ей помочь осилить ту версту?
Так в старости нелёгок путь к кресту.

2

Так в старости нелёгок путь к кресту,
А помнится, девчонкой в платье белом,
Кружилась мотыльком, и на лету,
Чего-то пела, постоянно пела.

Звенел по дому, в простоте своей,
Репертуар десятилетней дивы.
И папа с мамой подпевали ей,
И были вместе, счастливы и живы.

Младая жизнь беспечна и легка,
Кружись, танцуй, да распевай куплеты,
Пока не знаешь тяжести, пока
Не навалились прожитые леты.

Былую водевильную программу
Больные ноги превращают в драму.

3

Больные ноги превращают в драму
Смещение земных координат.
Так покидаешь кочевой, к бедламу
Перемещенья склонный каганат.

С неистовством быка, с жужжаньем роя,
Идет толпа, торопится, бежит.
Как проклятый, не знающий покоя,
Оседлости лишенный вечный жид.

Они понять, безумцы, не сумели,
Далекие оставив очаги,
Того, что все прямые параллели
Так безнадежно замкнуты в круги.

Я широте пространства предпочту
Двенадцати ступеней высоту.

4

Двенадцати ступеней высоту
Осилить предстоит к родным пенатам.
Так близко небо, эту чистоту
Не спутаешь с дешевым суррогатом.

По бездорожью прожитых годин
Бредём, но в предназначенную пору,
Мы из тумана жизненных низин
Выходим по крутому косогору.

Такой покой, такая тишина
В прозрачной бесконечности небесной.
Лишь слышно, как роженица одна
Баюкает дитя в пещере тесной.

А на планете нашей неизменно
Так многолюдно, суетно и бренно.

5

Так многолюдно, суетно и бренно,
Как в голове непроходящий шум.
И кто-то громкий рядом, непременно,
Чего-то тарабанит наобум.

Бубнит youtube, андроиды трезвонят,
Наваливает разом близь и даль.
Услышан каждый, но никто не понят,
Заметно всех, но никого не жаль.

Похоже, жизнь лишь на одно готова
И цели соответствует одной,
Чтоб заглушать нам посланное слово
И заслонять нам образ неземной.

Почти не слышен монотон чтеца
И виден только краешек лица.

6

И виден только краешек лица,
И не пробиться к серебру оклада.
К вратам святым просящего истца
Не допускают. Так оно и надо.

Что до Него, когда перед собой
Не оправдаться. Боже правый, это ж,
Как надо было обойтись с душой,
Чтоб превратить в потрепанную ветошь.

Из всех прорех глядит зловонный бес,
Показывает фотки и хохочет.
Такого наворочено, что без
Презренья и стыда смотреть нет мочи.

Все будет названо, дотошно, поимённо.
Но ты сумеешь отстоять смиренно.

7

Но ты сумеешь отстоять смиренно,
Хотя всю жизнь была известна тем,
Что так была горда и, непременно,
Стояла на своем. Теперь зачем?

Теперь, не оскверняя высшей воли,
Признаешься, прожить сумела ты
Какие-то мгновения, всего лишь,
Мгновения любви и высоты.

И к каждому из них теперь взывая,
Ты шепчешь, оправдай меня, звучи,
Напоминай, что я была живая,
Далеким колокольчиком в ночи.

Так бьются в уповании сердца,
Всю службу, от начала до конца.

8

Всю службу, от начала до конца.
Нам отслужить дано и данность эта,
Возможно, главный замысел Отца,
Затеявшего сотворенье света.

Конечность – вот исходный материал,
То самое божественное слово,
Суть бытия, начало всех начал,
Извечная судьба всего земного.

Нам чувствовать творца дано во всём,
В самих приметах будущего тлена,
И неба теплоту, когда на нём
Лишь бледная холодная Селена.

Всё, кажется, поёт небесный певчий,
Когда после вечерни гасят свечи.

9

Когда после вечерни гасят свечи
И затворяют царские врата,
Окружена сословьем человечьим,
Домой вернешься. Общие места

Для проживанья жизни. Сколько соток
Размер вселенной в нашем городке?
Дом, переулок, милый околоток,
Забор и супермаркет вдалеке.

Обычные дела, простые нужды,
Звонки родным, чаёк и сериал.
Всё это, в общем, продолженье службы,
Мистический домашний ритуал.

И проводить вечернюю зарю
К небесному ты выйдешь алтарю.

10

К небесному ты выйдешь алтарю.
Мир в этот час меняет облаченье
На темное сукно. "Благодарю" -
Произнесешь с улыбкой и значеньем.

Подумаешь, как беден наш язык,
В нем смысл слов неточен и невнятен,
Невыразителен, запутан и безлик,
Как может он кому-то быть понятен?

А ведь все то, что произнесено
В молитве ли, в случайном разговоре,
Услышано. И несмотря на то,
Что речи наши состоят, о горе,

Из глупостей пустых и просторечий,
Мы чем-то заслужили наши встречи.

11

Мы чем-то заслужили наши встречи.
А сколько в мире не случилось встреч,
Когда пресветлый ангел, незамечен,
Своим крылом людских касался плеч.

И нужно было оглянуться только,
На это дуновенье у щеки,
Но хлопоты небесные без то́лку,
Когда сердца от неба далеки.

Мы рождены для встреч. В заветном месте,
В предписанный судьбою день и час,
Нам выпадает оказаться вместе,
И дальше всё зависит лишь от нас.

Вновь Орион восходит к январю.
Узнай меня, я на тебя смотрю.

12

Узнай меня, я на тебя смотрю.
Вокруг тебя молчанье ледяное.
Едва хватает силы фонарю
Из тьмы ночной выхватывать живое.

Как беззащитны люди на Земле,
На этом камне, мчащемся в пространство,
Где жизнь сама, всего лишь вещь в себе,
Холодная насмешка кантианства.

Об этот мир скитальцы ноги бьют,
Совсем нездешних откровений дети.
И если им дано найти приют,
То разве только вне пределов этих.

В тепле метафизического лона,
С той стороны ночного небосклона.

13

С той стороны ночного небосклона
Натянута невидимая нить.
Звенит струна вселенского канона,
Для тех, кто слышит указанье жить.

Жить, не роптать, не ожидать комфорта,
Морозным зимним воздухом дышать,
Безликие законы натюрморта
Самим существованьем нарушать,

Все понимать, но жить с душой наивной,
И плакать иногда от пустяков,
От тишины, от этой ночи дивной,
От красоты снежинок, от стихов.

Тебе, любимая, с улыбкой Купидона,
Протягиваю жемчуг Ориона.

14

Протягиваю жемчуг Ориона
И серебро бесчисленных светил.
Казалось бы, без всякого резона,
Нездешний свет наш мир рассеребрил.

Приветствует Рождественские святки
Мерцающих созвездий пантеон.
И верю я, в их неземном порядке,
Какой-то знак для нас изображён.

Что означает пиктограмма эта?
О чем Всевышний с нами говорит?
Вращается безумная планета,
Не понимая звездный алфавит.

А прочитать не трудно пиктограмму.
Морозный вечер. Снег. Дорога к храму.

Магистрал

Морозный вечер. Снег. Дорога к храму.
Так в старости нелёгок путь к кресту.
Больные ноги превращают в драму
Двенадцати ступеней высоту.

Так многолюдно, суетно и бренно,
И виден только краешек лица.
Но ты сумеешь отстоять смиренно
Всю службу, от начала до конца.

Когда после вечерни гасят свечи.
К небесному ты выйдешь алтарю.
Мы чем-то заслужили наши встречи.
Узнай меня, я на тебя смотрю,

С той стороны ночного небосклона
Протягиваю жемчуг Ориона.

ЗАГОВОРЫ

Для денег

Приходил Корней,
Просил пять рублей.

Приходил Антон,
Просил Айфон.

Заходил Арсен,
Просил Порш Кайен

Ефим привёл Глафиру,
Просили квартиру.

Акулина с Петром
Просили денег на дом,

И чтобы на сдачу,
Хватило на дачу.

И только Людмила
Ничего не просила,

Разве что умыться,
Да воды напиться.

Вот это мы можем,
С этим мы поможем.

Заходи, наливай,
Сама пей,
да других угощай.

Для сна

Отчего порой ночною
Спать могу спокойно я?
Оттого, что спит со мною
Совесть чистая моя.

Я её не обижал,
Уважал и ублажал.
И она теперь за это
Даст поспать мне до рассвета.

От лени

Раз,
Два,
Три,
Четыре,
Пять.
Задницу поднять!

От старости

Заходило солнышко
За лесочек,
Вот уж видно солнышка
Лишь кусочек.

А по небосводу
Яркие зарницы,
Хороводом ходят
Девки-озорницы.

Кружат поднебесные
Красной каруселью.
На полсвета белого
Песни да веселье.

А как кончится хоровод,
Так и солнце зайдет.
Тихо станет тогда…
И, чо?
Дак ведь это когда исчо…

От суеты

Летала муха
Возле уха.
Жужжала,
Жужжала,
Жить мешала.
Вконец достала!
Потом устала,
Села на стену,
Сидит,
Не летит,
Лапами шевелит.
Я изловчился, да, как дал!
Не попал.
Смотрю кругом.
Что за дурдом?
Под потолком,
Она,
Не одна,
С другом,
Кружат друг за другом.
Вот ведь гнусь!
Да ну их!
Пойду пройдусь.

Приворожный

Застряла песенка в голове,
И песенка-то, так себе, ноты две.
Не помню ни автора, ни певца,
А крутится, и крутится, без конца.
Высушила голову до кости́,
Измотала, подлая. Господи, прости.
Нет у ней ни жалости, ни креста,
Ни любви, ни совести, ни черта.

От сглаза

А я в домике сижу,
Зла на сердце не держу.
Телевизор не включаю
И на почту не хожу.

Так что, милые друзья,
На мой адрес шлёте зря.
Ничего не получаю.
Не доходит до меня.

Для удачи

Чтоб случилось, что хочу,
Я про то всегда молчу.

Не скажу, хоть режь, про то
Никому и ни за что.

Сожму руку в кулачок
И молчок.

Для ума

Вари́, вари́ котелок,
Навари ухи чуток.
Хотя бы немножко,
С чайную ложку.
Положу в котелок
Лавровый листок,
Положу перловки,
Лука и морковки.
Никого не спрося,
Положу карася.
Буду мешать, мешать,
По кругу вращать,
Не прекращать.
Так через три года
Ухи станет много.

Во всём котелке уха
От у́ха и до у́ха.

СТИХИ РАЗНЫХ ЛЕТ

Кофейный диптих

Cappuccino

Над черным жаром ночки
Волшебная услада,
Сливочные облачки
В крошках шоколада.

Espresso

Горечь губ,
Размеренный
Тихий разговор,
В ложечке серебряной
Светофор.

Знаю я

Знаю я, что сегодня тебя разбудил
яркий солнечный луч. Как легко
он проник в твои тихие сны, как разбил
череду повторений, и скоро
вернулось движение к сонным рукам,
и вспомнили губы улыбку,
и сны возвратились, и к снам
захотелось вернуться
и глубже зарыться в тепло.
Но открылись глаза,
угадав приближение слов,
и храня ощущение сна
родной голос сказал:
знаю я...

День в Берлине

Немцы ходят мимо Шпреи,
Я средь них.
Что ни спросят, я: «Ихь шпрехе
Дойч нихт.»

А красотки в землях прусских -
Держись!
Эх, спросила бы по-русски:
«Как, жись?»

Я бы ей сказал: «Родная,
Не серчай,
Я скучаю, я скучаю,
Я скучаю...»

Лето

Моя жена обнажена,
И вихрем брызг окружена,
Меж толщи вод и бездны света
Меня зовет,
но без ответа.

Предчувствие

Как неожиданно предчувствие родится
из ничего, из пустоты одной.
И кажется, вот-вот должно случиться
обещанное мне, а может мной.
Забытое, неловкое волнение
охватит руки, кажется весь свет,
как поезд перед самым отправлением
застыл и ждет, а вереницы лет
прожи́тых, непрожи́тых, вперемешку
несутся пред глазами. Угадать
нельзя. Летят орлы и решки
моей судьбы. Ах, если бы когда-
нибудь в момент решенья,
возможно было что-то предпринять.
Ах, если бы небесные течения
подвластны были. Но нельзя понять
механику не нашего закона.
И все, что нам позволено с тобой –
стоять пред ликом солнечным иконы
и все принять.

Жене в альбом

С улыбками на сонных лицах,
Вдоль просветленного окна,
Войдем тихонько. Половица
Вдруг скрипнет. Медленно от сна
Ты пробуди́шься. Удивленье
Тебя охватит. Боже мой!
Что происходит? Сон? Виденье?
И тут мы грянем: С днем рожденья!
Проснись, мамуленька, открой
Подарки наши. Как мы любим
Тебя за всё, за всё, за всё.
За этот миг, за то, что людям
Дано блаженство. И ещё
За то, что мы сейчас так рады,
Что слезы просятся из глаз,
Что души родственные рядом,
Что близки близкие, что нас
Ты разыграла первоклассно,
Ведь ты не спишь давным давно.
За то, что ты живешь прекрасно,
И мы с тобою заодно.

Когда не будет аэропортов

Когда не будет аэропорто́в,
Не будет суеты на лётном поле,
И поля самого не будет боле,
Ни самолётов, ни грузовиков.

Роптание толпы почит в веках,
Застопорится адова машина,
И стихнет наконец-то матерщина
На всех возможных языках.

Старик араб не будет хмур и зол,
Подыскивая место для ночлежки,
И перестанет старая тележка
Скрипеть и стукаться колесиком об пол.

Вокруг кофейни воздух, сперт и прян,
Развеется, и разойдутся люди,
И жизнь казаться больше нам не будет
Нескладною, как слово чемодан.

Псалмы споют на сотни голосов,
Сойдут на землю новые предтечи...
Тогда никто не сможет наши встречи
Задерживать на шесть часов.

Есть много жизни

Есть много жизни в неживой природе.
Течёт речушка горная, а в ней
Сверкают блики солнечные, вроде
Большой сети, сплетённой из огней.

Мозаика из гальки в том сияньи
Волнует и притягивает взор.
В ней каждый миг иное состояние
И новый неожиданный узор.

Я слышу пульс живой в движеньи этом,
И тихое дыхание того,
Кто, собственно, и есть на этом свете
Единственно живое существо.

Я разволнуюсь, снова не уверен
В простых вопросах, в логике вещей.
И снова я на целый день потерян
Для дома, для семьи и для друзей.

И не усну до двух и даже дольше.
Такая вот со мною ерунда.
И это только камни да вода,
Чего уж говорить о большем.

Научите детей

Научите детей сомневаться.
Это очень полезный совет.
Это знание, так может статься,
Им поможет.
 А может и нет.

Я не хочу вас переубеждать

Я не хочу вас переубеждать,
Хотя вы так уверены, что должен
Я вам всё объяснить и доказать,
Увы, не будет разговор продолжен.

Поверьте, я бы мог всё разъяснить.
Я мог бы, но чего-то неохота.
К тому же, если вас разубедить,
Боюсь, что в вас сломаться может что-то.

Если верить

Если верить очень сильно
в беспросветное вранье,
верить так, чтобы казалось
чистой правдою оно.

Никогда не сомневаться.
Не давая слабину,
не сбиваться, не сгибаться,
не сдаваться никому.

Знать, что так оно должно быть,
только так должно и быть.
А иначе невозможно
просто, как ни рассудить.

Да и как-же быть иначе,
ведь иначе же никак.
Это ж ясно, очевидно,
однозначно, только так.

Если верить всею силой,
верить раз и навсегда,
можно жизнь прожить счастливо,
не понявши ни фига.

Профанация по правам

Права без обязанностей это профанация,
Ну и назвали бы сию декларацию
"Профанация по правам человека",
А то вот уже, как пол века
Торчит эта штуковина у всех на виду,
Из каждой газеты, на каждом углу.
И смущает людям умы,
Что вроде как им должны,
А они вроде как и нет,
Я же говорю - бред.
Когда будете исправлять,
Оба слова вставлять,
Чтоб правильно понял народ,
Сделайте одолжение,
Поставьте обязанности вперёд.

Джаз

Есть джаз и джаз. Зачем их называют
Одним и тем же словом, не пойму.
Я обожаю, когда джаз играют,
Вот наслажденье сердцу и уму.

Как музыканты чувствуют друг друга,
Дыша одним дыханьем весь концерт.
Как трогает ритмическая фуга,
На слабой доле делая акцент.

И саксофон, в возвышенной печали,
Вступает баритоном в свой черёд.
Не слишком разговорчивый вначале,
Потом разговорится и вперёд,

Вперёд, надрывно подбирая фразу,
Пытаясь сформулировать точней
Тот звук желанный, что минует разум,
Но резонирует в душе моей.

Всё усложняясь в круге повторений,
Уходит за границу бытия,
И там, в пространстве дробных измерений
Фракталом кружится вокруг меня.

Мне так необходима эта сложность,
Насыщенность звучанья и размах.
Такая ныне редкая возможность
Поговорить о непростых вещах.

А в джазе соберутся пустобрёхи,
И ну лобать какую-то туфту.
Возьмут чего-то стоящего крохи
И разведут в безвкусную байду.

А результат мучительных стараний –
Банальность повторённая сто крат.
И шумно, как в китайском ресторане,
А скучно так, что яду был бы рад.

И голова болит и ноет тело.
В недоуменьи я, который раз.
Ведь джаз – это совсем другое дело.
Я джаз люблю. Я ненавижу джаз.

Иногда честнее

Иногда честнее не рассаживать слова
По лавками, а послать их на...
Пришли зачем?
Не те и ни с чем.
Обойдусь без них,
Напишу стих
Из одних
Запятых.

Достойно выглядит отчизна

Достойно выглядит отчизна
Лишь через призму эскапизма.
Переживём, не в первый раз.
Друзья, сегодня все у нас.

Кручу педали

Кручу педали деловито
По холодку весенних дней,
И не скажу, чего налито
В спортивной фляжечке моей.

В ушах Д.С. пластинки крутит,
На ветках яблонь всё бело.
Уж скоро, скоро день наступит,
Воскреснет лето, жизнь, тепло,

Души пасхальное круженье
Движенью вечному вослед.
И на какое-то мгновенье
Поверится, что смерти нет.

Три дерева

Три дерева на старом пустыре
Под сыростью холодного апреля
Соскучились по лету, по жаре,
По бабочкам, уже почти не веря,

Что может этот кончиться озноб,
И неуют, и липкий дождь стеною.
Что ж, это жизнь, и нет причины, чтоб
Она была какой-нибудь иною.

Ведут свой безутешный триалог
На пустыре, того не замечая,
Что по ветвям уже пошёл дымок
Зелёный, будущего мая.

Пять строк

От этой унылой квадратной тоски,
Не в силах на бездну смотреть я,
Уйду за границу четвёртой строки
Туда, где по небу летят лепестки
Сиреневого пятицветья.

Александр Навернюк

Щи

На этом свете нет вещей
Вкусней твоих щавельных щей.

Когда пропустишь коньяку

Когда пропустишь коньяку,
Бывает так, кольнёт в боку,
А отдаёт внизу спины,
С другой, казалось, стороны.
Какая связь?
Вот так и мы.

Пушкин

Вдруг отворятся эмпиреи
И ввалят шумною гурьбой
Родные ямбы и хореи,
Галдящие наперебой.

Смешные рифмы - хохотушки,
Анапест в старом сюртуке
И вместе с ними Саша Пушкин,
Мой милый друг с пером в руке.

Каморку тесную мгновенно
Заполнят гулом голосов
Со всех сторон, одновременно,
Произнося обрывки строф.

От словосочетаний странных,
От гама этого оглох,
В своих штанах домашних рваных
Стою, застигнутый врасплох.

Там что-то, кажется, Севилья?
Нет, крокодилья? Что за вздор!
Да нет же, это - кавадрилья?
Коварный враль? Ковёрный вор?

Сны космонавта Н.

Не разобрать, о чем веселье.
Вокруг меня обрывки фраз
Несутся шумной каруселью,
Никак не сложатся в рассказ.

Всё пляшут, вальсом ли, кадрилью?
Тут я, не выдержав, кричу:
— Да что там с вашей кавадрилью?!
Скажите мне, я знать хочу!

И всё утихнет моментально,
И Пушкин в полной тишине,
Скривив улыбку сострадально,
Неспешно подойдет ко мне,

Коснётся тёплою рукою
И тихо скажет:
   — Братец мой,
Ты что кричишь, как вепрь весною?
Но что ты, право? Бог с тобой.

Ведь чтоб сложить стихотворенье
Не помогает глотку драть.
Другое надобно уменье,
Нужна Господня Благодать.

Сквозь шум мирской услышит лиры
Лишь тот, кому открыт секрет.
Поверь мне, со времён Пальмиры
Таинственней секрета нет.

Сокрыта тайна в древних Ведах,
В давно забытых письменах.
Я б мог тебе её поведать,
Когда б ты...

    не в таких штанах.

Тут прыснут смехом междометья,
Причастия заголосят.
Одна, потом вторая, третья,
Смеются рифмы, все подряд.

И я смеюсь, и Пушкин тоже,
Да что-ж я лезу с ерундой,
В калашный ряд с моею рожей,
Не гоже, право, стыд какой.

Всё суета и труд напрасный.
Уж лучше и не начинай!
Не стоит портить день прекрасный.
Ты лучше, Саша, почитай.

И он читает вдохновенно
Всё, что я знаю наизусть.
И вместе с ним, самозабвенно,
Я шевелю губами. Пусть

Сны космонавта Н.

Звучит в каморке неказистой
Открытый, светлый, звонкий стих.
Пример возвышенности чистой,
Высоких помыслов людских.

Прочтёт Вечор, прочтёт Мгновенье,
Прочтёт Сальери от и до.
Питомец муз и вдохновенья,
Прочтёт про царское село.

И этот страшный, про могилу,
Что старец роет для себя.
И мой любимый, про Леилу:
"Ко мне, мой друг, сюда, сюда."

Про суеверные приметы
И про рыдания без слёз.
Так засидимся незаметно
До темноты, до первых звезд.

Уж поздно. На исходе время.
Пора прощаться, милый друг.
Гудит, гудит мирское бремя,
Зовёт обыденности круг.

Прощай, компания шальная.
Уж кто-то кликнул лошадей.
Тут Пушкин, шляпу надевая,
Помедлит, стоя у дверей.

И скажет, посмотрев добрее,
Поднявши руку к небесам:
— Вдруг отворятся эмпиреи!
Ну, как-то так. А дальше сам.

Жалею

Среди осенних светлых дней
Без видимой причины
Вдруг стало жалко злых людей,
Всех упырей и сволочей,
И прочей чертовщины.

На что, не знаю, видит Бог,
Сдались мне, дуралею,
Все эти сонмища грехов.
А вот сижу, как полный лох,
И Гитлера жалею.

Александр Навернюк

Квантовое поле

Это ж надо ско́люж-ко!
Квантового полюшка!

Незнакомы, инаки
Бугорки, ложбинки.

Пресвятые наши,
Да кто же его пашет?

Кто по непогоде
За лошадкой ходит?

Ходит не лени́тся,
В рубахе из ситца,

Бо́сым по росе, и
Боронит да сеет.

Ещё осталось лет на сто

Ещё осталось лет на сто
Проблем с благоустройством быта.
Ходить потерянным гуртом
По берегам каналов сбыта.

И продавщицы ведовство
Внимать, листая каталоги.
И неизвестно отчего,
Чего-то выбирать в итоге.

И тратить, как это ни жаль,
Часы такой недолгой жизни
На беспросветную печаль
По поводу дороговизны.

Считать, откладывать, копить,
Кружочком отмечая даты,
И в день положенный вносить
Паи, проценты, предоплаты.

Как в пустоту смотреть на счёт.
А тут ещё плита сгорела
И крыша старая течёт.
Дом, доведённый до предела,

Ломается то там, то тут
И срочно требует вложений.
И ноги у детей растут,
Не принимая возражений.

На ужин нету ни черта,
А цены вновь рекорды ставят.
И на столе горой счета...
Но день придет, пора настанет.

К нам постучится почтальон
И принесёт благие вести.
И всё пройдёт, как страшный сон.
Ещё лет сто. Ну, может двести.

Утро

Рассвет добавит молока
В густую темень потолка
И медной ложечкой зари
Смешает явь и сон.

Туман сгустится за окном
Пуховым пледом, а потом
Тропинкой ляжет у двери,
Так тих и невесом.

И я по той тропе пойду
У милых дрём на поводу,
По золотым льняным полям
В заоблачном краю.

Пройду по дальней стороне,
По мягкой шёлковой траве,
Потом по скошенным долям,
По колкому жнивью.

Там дол тенистый за горой,
Полынь, мели́сса, зверобой,
Дурман-трава, да ворожба
Веле́са и Хорса́.

"Кумись, кумись, роднись, роднись,
На нас двоих одна лишь жизнь",
Один венок, одна судьба,
Да на щеках роса.

Снег

(Эльдару Рязанову)

Снег - возвращенье в монохром
Газетной чо́порной страницы.
Молл припоро́шен, как горком
На фото из передовицы.

В такой же снежной белизне,
Слегка скользя по тротуару,
Я шёл совсем в другой стране,
Спешил на утреннюю пару.

Давно забытые года,
Московский холодок январский,
Андроповский проспект, тогда
Он назывался Пролетарский.

Углём, как будто по холсту,
Пейзаж унылого кубизма.
Мир не был щедр на красоту
Во времена социализма.

Кривой плакат с трудом держал
Огромного генсека бремя.
И снег поверх него летал,
Как рябь поверх программы "Время".

Щемящий запах беляшей
Мне грезился и бутербродов.
Но голод се́нсорный сильней,
Чем недостаток углеводов.

Над скудной бренностью паря,
Душа советского студента
Желала чуда, несмотря
На суть текущего момента.

Чтоб зазвучали над Москвой
Стихи в возвышенной истоме,
Про снежный промельк моховой,
И зимний день в сквозном проёме.

Чтобы казённый этот мир
Вдруг стал уютным и домашним,
И обитатели квартир,
Живущие в панельной башне,

Вернулись с проклятых путей,
Что между Гумом и Пассажем
И стали чуточку добрей
Ко всем, буквально, персонажам.

Забыли про убогий быт,
Про скупость фабрики ГосЗнака,
А тихо, тихо пели бы
Цветаеву и Пастернака.

Сны космонавта Н.

Чтоб жил советский человек,
Как наша скромная богема,
Запечатлённая на век
На плёнке комбината Свема.

Конечно, это всё - кино,
Искусство перевоплощенья,
Но, Боже праведный, оно
Дано нам было в ощущеньях.

А значит, не кривя душой,
Кино, без всякого сомненья,
Было реальностью самой,
По букве "вечного" ученья.

Я шёл, промёрзший до костей,
К концу привычного маршрута.
А возле проходных дверей
Там, на ступеньках института

Ты, помню, в рыбие меха,
Неловко кутаясь, стояла.
Меня, смешного жениха,
Нетерпеливо поджидала.

Как мало надо нам порой!
Спешить на лекции зимою
И первокурснице одной
Издалека махать рукою.

Пусть нам, наследникам совка,
Особенно гордиться нечем,
Прав режиссёр, мир жив пока
Он остаётся человечен.

Твои глаза, как талисман,
Хранили жизнь в пространстве этом.
Как будто бы киноэкран
В них отражался тёплым светом.

Всё было так, как будто бы,
Из под мохнатой шапки глядя,
Меня ждала, такая "Надя" –
Моя ирония судьбы.

Серёжа

Серёжа, Серёжа,
Послушай, я тоже,
Я тоже стою на краю.
И жизнь молодая
Из рук выпадает
И тянет за душу мою.

Исаакий кре́нится,
И чёрная птица
Златой облетает курган.
Похож на наган
Барабан коллоннады,
Холодный, тугой барабан.

Всё по́шло. Всё в прошлом.
Декабрь поро́шит
Брусчатку пустых площадей.
Смотрю и не вижу.
Не выжить, не выжить,
Среди Петроградских камней.

Да где же та синь,
Под которой косил я,
Се́мя ронял в борозду?
По по́лю, по лесу,
По сёлам, по весям,
Уже никогда не пройду.

Серёжа, послушай,
Рязанские глу́ши
Не лучше столичных дворов.
Погост да вороны.
Хоронят, хоронят
Без плача, без Бога, без слов.

Да что же это? Я не понимаю.
Кто мне подскажет? В день какой? Когда?
Когда мы превратились в волчью стаю,
В которой правят злоба, да вражда.

Так, заплутав в опасные трясины,
Бывало, в страхе, бросишься бежать
Куда-нибудь, за скользкие осины
Хватаясь, как за Божью благодать.

Но бес лесной ведет тебя по кругу,
Не выпуская из своей петли.
Нет, нам уже не выбраться друг к другу,
Мы слишком далеко зашли...

Эх, пропадай!
Где вы там? Два налётчика!
За углом жмётесь так неумело.
Нынче время пришло твоё, ЧК.
Налетай, шпана, на поэтово тело!
Мне ль бояться кабацких драк.
Ваша серая ненависть уже вот здесь!
Раз уж всё в жизни пошло не так,

Сны космонавта Н.

Напоследок, хотя бы душу отве́сть.
Стонет Русь от вашего кистеня́,
Слышите?
От вас лишь смрад, да холера!
Знаете, убогие, где найти меня,
В пятом номере Англетера.

Милая, родная,
Не печаль бровей.
Полетит, я знаю,
Пух от тополей.

Ты наденешь белое
Платье, как тогда.
Сядешь у купели
Старого пруда.

Небеса бездонные
В зеркале воды,
Аромат медовый
Резеды-травы.

В этой неге пряной
Золотого дня
Будет ангел пьяный
Целовать тебя.

Александр Навернюк

Каким будет лето?

Каким-то будет это лето?
Эх, вот была бы благодать
Сидеть с тобой на пляже где-то
И в море камешки кидать.

Вбегать бы в волны без оглядки
И выходить совсем без сил.
И чтоб прибой тянул за пятки,
И пену с галькою месил.

Двух мягких полотенец ложе -
Приют для наших мокрых тел.
И в каждой б капельке на коже
Брильянтик солнечный блестел.

А ты болтала бы, смеялась,
Без у́молку, про то, про сё...
И никогда б не догадалась,
Что это я придумал всё.

Океан у Кремля

А был бы океан у стен Кремля.
Понятно, что нет оснований для
Немыслимой такой метаморфозы.

Привычному порядку нет угрозы.
Июньский полдень, душная жара,
С волненьем ждёт курантов детвора.

Все взоры на часы, еще мгновенье,
И площадь принимает положение
Спиной к торговле и лицом к стене.

Куранты бьют. Плывут по всей стране
Державные раскатистые звоны.
Всё как всегда. Всё как во время оны.

Прошедший век не много изменил,
Ну разве, что на стенах нет белил,
Да герб имперский заменён звездою.

И я когда-то мамой молодою
На эту площадь тоже был водим,
И тоже ждал курантов, недвижим.

Я помню, как мой упирался взор
В бойницами украшенный забор
И в пирамидку с буковками ЛЕНИН.

Стояли часовые на ступени,
Маршировал на смену караул
И в чёрных сапогах носок тянул.

Ах, как мне эти нравились курсанты,
Штыки, фуражки, ружья, аксельбанты.
Я сам тогда любил маршировать.

В толпе мужчины, действию подстать,
По швам держали руки и, не горбясь,
На мятых лицах выражали гордость.

И я был горд, хотя и был так мал.
Я, как смышлёный мальчик, понимал,
Что это место всех других важнее.

Нас так учили взрослые, вернее,
Мы вместе проходили этот класс —
Там за стеною что-то больше нас.

Кремль, в сущности ведь, атрибут не власти,
А нечто большего, чего мы — части,
Архитектурный архетип страны.

Наш страх и непризнание вины,
Извечное равнение налево,
И слог высокий в оправданье хлева.

Сны космонавта Н.

Вся эта матрица под звон колоколов
Передаётся тысяче голов,
Мутирует и разрушает гены.

Опасно для людей смотреть на стены.
Так просто оказаться взаперти,
Откуда никому нельзя уйти.

Но не сегодня. Слышите, вдали́
Прибоя шум, крикливых чаек стоны,
Гудят на дальнем рейде корабли,
Лужёные басы и баритоны.

Над вотчиной напыщенных князей
Жизнь завела иную фонограмму.
И площадь Красную, и всех кто был на ней,
Как отпустило. Мальчик тянет маму

Туда! Быстрей! Они почти бегут
По мостовой Васильевского спуска.
И мама, запыхавшись на ходу,
Расстёгивает пуговку на блузке,

Потом снимает туфли, босиком,
Пытается поспеть за прытью детской.
Уже недалеко, там за углом,
За красным бо́ком башни Москворецкой.

Там Океан! Насколько хватит глаз,
Живой воды сверкают кладовые.
Блестит волна, как голубой топаз,
И в брызги рассыпается цветные.

Солёный ветер голову кружит,
Приносит звук неведомых наречий,
Как будто стран далёких миражи
От горизонта к нам плывут навстречу.

Я слышу песни девушек, светло
И вдохновенно выводящих кварту
На дальних островах, что только по
Случайности нанесены на карту.

Они поют в тропическом саду
В тени дере́в, опутанных вьюнами,
И маленькими ручками ведут,
Как будто дирижируют волнами.

Я в ветре этом слышу голоса
Уставших моряков в каюте тесной,
Когда они, упав на паруса,
Протяжную затягивают песню.

Про то, как трудно удержать штурвал
На вахте стоя в штормовом ненастье,
Когда сбивает с ног девятый вал,
И колокол звенит и стонут снасти.

Сны космонавта Н.

Я слышу скрежет ледяных громад,
На ледниках в арктических широтах,
И стрекотанье луговых цикад,
И хор лягушек в торфяных болотах.

Всегда, когда стою на берегу
Нисходит эта чувственность, которой
Я отдаюсь сполна и не могу
Глаз оторвать от водного простора.

Я вижу там, в далёком далеке,
По тонкому очерченному кругу,
Вода и небо, как щекой к щеке,
Любовно прижимаются друг к другу.

Когда так просто видеть далеко,
Уже не остаётся оправданья
Не замечать того, как велико
И вдохновенно чудо мироздания.

Так понимаешь существом своим,
Ту истину, которая не но́ва,
Смешны потуги выглядеть большим
В присутствии действительно большого.

Все построенья наши часто лишь –
Цветные башенки, и многого не стоят,
Но на руках у матери малыш
Уже вдохнул солёного настоя.

Огромный мир ему в подарок дан,
Как весть благая от первопричины.
Внимая он глядит на океан
Спокойным взглядом взрослого мужчины.

Осенняя элегия

Я пробую не обмануть
Больное увяданье сада
И осень, мокрым листопадом
Упавшую ко мне на грудь.

Недолговечные лета́,
Как облегчи́ть мне вашу участь,
Как не почувствовать летучесть
В морщинах жёлтого листа.

Когда я вижу на ветру
Деревьев старые колени,
Непониманье поколений
Уже не обратить в игру.

Тот огонёк, что мной одним
Всё виден в стороне далёкой
За этой мутной поволокой
Уже почти неразличим.

Почувствовать, понять, принять
Нам, остающимся, прощенье.
Лишь только это утешенье
И можно уходящим дать.

Не говорить, а только чуть
Кивнуть и утонуть в печали.
И в том, о чем мы умолчали
Не обмануть,
Не обмануть.

Отшельник

Вдруг показалось, я – отшельник,
Сумевший бытие́ понять.
Почи́л давно, но в понедельник
Реинкарнирую опять.

Вот, прям с утра, чего-то ухнет,
Сверкнёт, пахнёт дымком кади́л,
И я такой сижу на кухне,
Премудрый, просто нету сил.

В мозгах моих от мыслей тесно,
Хотя семь пядей голова,
И всё на свете мне известно,
И ясно всё, как дважды два.

Любой вопрос, как грелку Тузик
Я рву, и всё мне нипочём.
Ничем меня не оконфузить,
Не подловить меня ни в чём.

И даже если спросит Люся,
С чего нажрался я вчера?
Я даже как бы удивлюся
– Давно б уже понять пора.

Ведь это ж только так и надо,
Да мне за этот перепой
Вааще положена награда!
Да я ж по всем статьям – герой.

И так навру в большом и в малом,
Что выйдет будто прав во всём!
А что? Умищу-то навалом,
Отшельник, мать его конём!

И Люсенька моя сердечно
Обнимет, скажет – Бог же с ним.
Ведь если так, тогда конечно...
И нам чайку нальёт двоим.

И быстро-быстро всё забудет,
Пока растает сахарок.
И плакать милая не будет,
Уткнувшись в ма́терин платок.

Бомж и я

Стояли мы с бомжом вдвоём
Разительно несхожи,
И каждый думал о своём,
Но про одно и то же.

Некстати

Полнолунье, листопад,
Тени по кровати.
Жизнь живётся невпопад,
Некстати.

Не конектится, беда.
Абонент в отказе.
Что поделаешь, когда
Не в фазе.

В небе крошки толокна,
Да головка сыра.
Гробовая тишина
Эфира.

Стишок

Я написать решил стишок
Про то, как падает снежок,
И кру́жится, и кру́жится,
И льдом покрылась лужица.
И клёны в белом инее,
Торжественные, зимние.

А за окном моим видок,
Так непохожий на стишок.
Там вместо зимней стужи
Унылый дождь и лужи,
И клёны облетевшие,
Простые, постаревшие.

Мне всё равно, что невпопад,
Я напишу про снегопад.